MW01071629

Novena de Aguinaldos

The Gift of Christmas Novena

A Bilingual Christmas Prayer Book

Translated by Saribel Daza

Fremont California   2017

To my parents, Sara and Italo Daza,
who instilled faith and a sense of tradition in me

Prologo

La **Novena de Aguinaldos** originalmente fue escrita por la Reverenda Madre María Ignacia en Colombia en 1952. El pequeño libro es una novena, o conjunto de oraciones que se rezan durante nueve días. Muchas veces con las preocupaciones y distracciones de la época de Navidad se pierde el verdadero significado de la época. No obstante, la **Novena de Aguinaldos** es una linda tradición que nos centra y nos ubica espiritualmente, porque cuando las familias y sus amigos se reúnen a rezarla con sagrado fervor y sana alegría, no solo se encuentra el verdadero significado de la Navidad, sino que hace partícipe de la historia de esa Sagrada Familia que se completó en Belén con la llegada del Divino Niño. La novena escrita por María Ignacia expresa de una forma tan bella y poética varios de estos temas teológicos relacionados con el nacimiento, que convoca a los que la leen a una contemplación práctica. En particular, ella nos quiere decir que la Navidad es una época para reconocer y aceptar el amor y la presencia de Dios en nuestras vidas. Es una época para acordarnos de la virtud de la humildad, que requiere no solamente le demos menos importancia al estatus y a las cosas materiales, sino que ponga primero a Dios en nuestros corazones y al hacer esto, dedicar algo de nuestras vidas a la compasión, la solidaridad, el perdón, y el amor.

Cuando mi papá, mi mamá, y mis hermanas se vinieron de Colombia para vivir en los Estados Unidos, continuaron la tradición navideña de rezar la novena. En California, tuvimos la gran fortuna de conocer y hacernos amigos de muchas familias Colombianas viviendo en la misma área. Por eso también pudimos continuar la tradición de ir a casas de familias para visitar amigos, compartir una comida, y rezar la novena juntos. En estas visitas, a través de los años, noté que muchas personas que venían a celebrar la Novena, hablaban solamente inglés.

Aunque aquellas personas claramente respetan la tradición de la Novena y disfrutan del tiempo para la reflexión espiritual, yo quería que todos se sintieran incluidos, bienvenidos, y capaces de participar totalmente. Entonces, decidí traducir la **Novena de Aguinaldos** al inglés para crear un libro que todos, bien los que hablan español o ingles, pueden disfrutar.

Los villancicos, o canciones Colombianas tradicionales de Navidad, que se incluyen, tienen sonidos, ritmos, y temas muy bellos y distintivos. La letra traducida de estas canciones está diseñada para emparejar con los ritmos y melodías de las canciones originales. Entonces, espero que disfruten el poder cantar los villancicos en español o inglés.

Feliz Navidad y que Dios los bendiga!

Saribel Daza
agosto 2017

Prologue

The **Novena de Aguinaldos** was originally written by the Reverend Mother Maria Ignacia in Colombia in 1952. The small prayer booklet is a novena, or prayer prayed over the course of nine days. Often times, the true meaning of Christmas can be lost in the busy and distracting errands of the season. However, the **Novena de Aguinaldos** is a wonderful tradition, because it centers our thoughts and allows us to spiritually dedicate ourselves to the true meaning of Christmas. When families and friends gather together in their homes to pray the Novena, not only is the true meaning of Christmas found, but also we are able to participate in the historical journey of the Holy Family towards Bethlehem and the birth of the Divine Child. Maria Ignacias' novena beautifully and poetically expresses many of the theological themes of Christmas and presents them to the reader for practical contemplation. She highlights that Christmas is a time to acknowledge and embrace God's love and presence in our world and in our lives. A time to remember and live out the virtue of humility, which involves not only placing less importance on worldly status or material belongings but placing God first in our hearts and in doing so living lives of compassion, solidarity, forgiveness, and love.

When my parents and sisters emigrated from Colombia to the United States, they continued the Christmas tradition of praying the novena. In California, our family was fortunate to meet and become friends with many wonderful Colombian families living nearby. So, we also kept the Colombian tradition of meeting with friends at their houses during Christmas time to visit, enjoy a meal together, and pray the novena together. At these gatherings, over the years, I noticed that many people were primarily English speakers. While they clearly honor

the novena tradition and enjoy the time of spiritual reflection, I wanted everyone to feel included, welcome, and able to fully participate. So, I decided to translate the **Novena de Aguinaldos**, or **The Gift of Christmas Novena**, and create a book that both Spanish and English speakers could enjoy.

Since the villancicos, or traditional Colombian Christmas songs, have such beautiful distinctive sounds, rhythms, and themes, I decided to translate these into English as well. These translated lyrics are designed to match the rhythms and melodies of the original songs. So, feel free to enjoy singing the songs in either Spanish or English.

Merry Christmas and God bless!

Saribel Daza
August 2017

Como Usar Este Libro

El diseño de este libro facilita que un grupo de personas, ya sea que hablen español o ingles, puedan leer el libro juntos. Para que cada persona pueda seguir en que parte de la novena está el grupo, cuando se abra el libro en cualquier parte el mismo texto está en la pagina a la izquierda en español y en la pagina derecha en ingles.

También el libro se puede leer solamente en un idioma. Para leer solamente en español, se leen las paginas impares. Para leer solamente en ingles, se leen las paginas pares.

Desde que la **Novena de Aguinaldos** fue impresa en 1952 por la Reverenda Madre Maria Ignacia, la novena se consta de varias oraciones que se leen en un orden particular. El mismo orden se usa en este libro:

1. Oración para Todos los Días
2. Consideración para el Día
3. Oración a la Santísima Virgen
4. Oración a San José
5. Gozos Para Todos los Días
6. Oración al Niño Jesús

Cada día, primero hasta noveno, tiene una "Consideración para el Día" especial para ese día. En este libro, como en el original, las consideraciones están impresas después de la "Oración al Niño Jesús".

El primer paso es leer la "Oración para Todos los Días". El segundo paso es que la(s) persona(s) que está(n) leyendo volteé(n) a la "Consideración para el Día" apropiada para ese día. El tercer paso es que las personas leyendo se regresen a leer la "Oración a la Santísima Virgen". Después, en seguida se leen las oraciones de los pasos 4 a 6.

How to Use this Book

This book was designed to be read in a group setting that includes both English and Spanish speakers. For each person to be able to follow along with reading the prayer, the same text is in Spanish on the left page and English on the right page, wherever the book is opened.

Of course, the book can be read solely in one language by only reading the odd numbered pages for Spanish or the even numbered pages for English.

In the 1952 printing of **The Gift of Christmas Novena** by the Reverend Mother Maria Ignacia, the novena was composed of several prayers that are read in sequence. The same sequence is used in this book:

1. Daily Prayer
2. Consideration for the Day
3. Prayer to the Most Holy Virgin
4. Prayer to Saint Joseph
5. Daily Verses
6. Prayer to Baby Jesus

Each of the days, first through ninth, has a unique "Consideration for the Day". In this book, as in the original printing, these are printed after the "Prayer to Baby Jesus".

So, step 1 is to read the "Daily Prayer". Then for step 2, the reader(s) should turn to the appropriate "Consideration for the Day". Then for step 3, the reader(s) should turn back to "Prayer to the Most Holy Virgin". Then, of course, the prayers of steps 4 through 6 should follow.

Contenido

Table of Contents

Novena de Aguinaldos

Arreglada por la R. Madre

Maria Ignacia

Religiosa de la Orden de la Enseñanza

Gbno. Ecco. Arquid. de Medellín

Puede imprimirse

Buenaventura, Obispo Auxiliar

Vicario General

Medellín, 21 de Noviembre de 1952

The Gift of Christmas Novena

Arranged by the Reverend Mother

Maria Ignacia

Religious Order of Education

Ecclesiastical Archdiocese of Medellin, Colombia

May be reprinted

Buenaventura, Auxiliary Bishop

General Vicar

Medellin, November 21, 1952

Oracíon para Todos los Días

Benignísimo Dios de infinita caridad, que tanto amasteis a los hombres, que les disteís en vuestro Hijo la mejor prenda de vuestro amor, para que hecho hombre en las entrañas de una Virgen, nacieses en un pesebre para nuestra salud y remedio; yo, en nombre de todos los mortales, os doy infinitas gracias por tan soberano beneficio. En retorno de él os ofrezco la pobreza, humildad y demás virtudes de vuestro Hijo humanado, suplicándoos por sus divinos méritos, por las incomodidades con que nació y por las tiernas lágrimas que derramó en el pesebre, dispongáis nuestros corazones con humildad profunda, con amor encendido, con tal desprecio de todo lo terreno, para que Jesús recién nacido tenga en ellos su cuna y more eternamente.

Amén.
Se reze tres veces el Gloria Patri.

Consideración para el Día

Fecha	Consideración para Leer
Diciembre 16	Día Primero
Diciembre 17	Día Segundo
Diciembre 18	Día Tercero
Diciembre 19	Día Cuarto
Diciembre 20	Día Quinto
Diciembre 21	Día Sexto
Diciembre 22	Día Septimo
Diciembre 23	Día Octavo
Diciembre 24	Día Noveno

Daily Prayer

Most benevolent God of infinite charity, who so loves humanity! You gave us your Son, the best assurance of your love, so that made flesh within the Virgin Mary, You would be born in a manger for our health and well-being. I, in the name of all mortals, give You infinite thanksgiving for such an act of sovereign kindness. In return, I offer the poverty, humility, and all other virtues of your human Child. I ask humbly in the name of the divine merits of Jesus, the discomforts of his birth into the world, and the tender tears Jesus shed in the manger, that You prepare us for the birth of Christ. Grant us profound humility and bring the light of love into our hearts, with complete disregard for earthly possessions or status, so that Jesus is born into our lives and finds a dwelling within each of us.
Amen.
The Glory Be should be prayed three times.

Consideration for the Day

Date	Consideration to Read
December 16	First Day
December 17	Second Day
December 18	Third Day
December 19	Fourth Day
December 20	Fifth Day
December 21	Sixth Day
December 22	Seventh Day
December 23	Eighth Day
December 24	Ninth Day

Oracíon a la Santisima Virgen
(Para todos los días)

Soberana María, que por vuestras grandes virtudes, y especialmente por vuestra humildad, merecisteis que todo un Dios os escogiese por madre suya, os suplico que Vos misma preparéis y dispongáis mi alma, y la de todos los que en este tiempo hicieren esta novena, para el nacimiento espiritual de vuestro adorado Hijo.

Oh dulcísima Madre! Comunicadme algo del profundo recogimiento y divina ternura con que aguardasteis Vos, para que nos hagáis menos indignos de verle, amarle, y adorarle por toda la eternidad.

Amén.

Se reze nueve veces el Avemaría y Gloria Patri.

Oracíon a San Jose
(Para todos los días)

Oh Santísimo José, esposo de María y padre putativo de Jesús! Infinitas gracias doy a Dios porque os escogió para tan altos ministerios y os adornó con todos los dones proporcionados a tan excelente grandeza. Os ruego, por el amor que tuvisteis al Divino Niño me abracéis en fervorosos deseos de verle y recibirle sacramentalmente, mientras en su divina Esencia le vea y le goce en el Cielo.

Amen.

Se reze el Padre Nuestro, Avemaría y Gloria Patri.

Prayer to the Most Holy Virgin
(To be prayed each day)

Sovereign Mary, due to Your great virtues and especially Your humility, You deserved to be chosen as the Mother of God. I humbly ask that You Yourself prepare and make receptive my soul and the souls of all who at this time pray this novena, for the spiritual birth of Your Adored Son.

Oh Sweetest Mother! Communicate some of the profound thoughts and divine tenderness with which you looked forward to knowing God. In this way, make us worthy of seeing, loving, and adoring the Divine Presence for all eternity.
Amen.
The Hail Mary and Glory Be should be prayed nine times.

Prayer to Saint Joseph
(To be prayed each day)

Oh Most Holy Joseph, husband of Mary and legal father of Jesus! Infinite thanks I give to God for choosing you for such a high ministry and adorning you with the gifts proportional to such excellent grandeur. I beseech you, on behalf of the love that you had for the Divine Child, to embrace me with fervent wishes of seeing and receiving God sacramentally, while in your divine essence you see and enjoy the Presence of God in heaven.
Amen.
The Our Father, Hail Mary, and Glory Be should be prayed.

Gozos Para Todos los Días

Dulce Jesús mío
Mi Niño adorado.

Ven a nuestras almas!
Ven no tardes tanto!

Oh sapiencia suma
del Dios soberano,
que al nivel de un niño
te hallas rebajado!
Oh divino infante
ven para enseñarnos
la prudencia que hace
verdaderos sabios!

Ven a nuestras almas!
Ven no tardes tanto!

Oh raíz sagrada
de Jesé que en lo alto
presentas al orbe
tu fragante nardo!
Dulcísimo Niño
que has sido llamado
Lirio de los valles
Bella Flor del campo!

Ven a nuestras almas!
Ven no tardes tanto!

Oh lumbre de Oriente,
Sol de eternos rayos

Daily Verses

My Sweet Jesus
My Adored Child

Come to our souls!
Please come to us soon!

Oh Sum of All Wisdom
of the sovereign God,
finding yourself lowered
to the level of a child!
Oh Divine Infant,
come to teach us
the prudence that
brings true wisdom!

Come to our souls!
Please come to us soon!

Oh sacred root
of Jesse from on high,
who presents to the world
your fragrant spikenard!
Sweetest Child,
who has been called:
Lily of the Valley,
Beautiful Flower of the countryside!

Come to our souls!
Please come to us soon!

Oh Spark of Fire from the East,
Sun of Eternal Rays

Que entre las tinieblas
tu esplendor veamos!
Niño tan precioso,
dicha del cristiano,
luzca la sonriza
de tus dulces labios!

Ven a nuestras almas!
Ven no tardes tanto!

Rey de las naciones,
Emmanuel preclaro,
de Israel anhelo,
pastor del rebaño!
Niño que apacientas
con suave cayado,
ya la oveja arisca
ya el cordero manso!

Ven a nuestras almas!
Ven no tardes tanto!

Abranse los cielos
y llueva de lo alto
bienhechor rocío.
Como riego santo!
Ven hermoso Niño!
Ven Dios humanado!
Luce, hermosa estrella
brota flor del campo!

Ven a nuestras almas!
Ven no tardes tanto!

Through the darkness
we see your splendor!
Precious Child,
the joy of each Christian,
let your smile shine
from your sweet lips!

Come to our souls!
Please come to us soon!

King of the Nations,
Illustrious Emmanuel,
Longing of Israel,
Shepherd of the Flock!
Child that guides
with a gentle shepherd's hook,
now a wild sheep,
now a tame lamb!

Come to our souls!
Please come to us soon!

May the heavens open up
and rain come from on high.
A beneficial sprinkling of dew,
like a blessing of holy water!
Come beautiful Child!
Come God made Human!
Shine Beautiful Star,
bloom Flower of the Countryside!

Come to our souls!
Please come to us soon!

Ven que ya María
previene sus brazos do su Niño
veanen tiempo cercano!
Ven, que ya José,
con anhelo sacro
se dispone a hacerse
de tu amor sagrario!

Ven a nuestras almas!
Ven no tardes tanto!

Del débil auxilio,
del doliente amparo,
consuelo del triste,
luz del desterrado!
Vida de mi vida,
mi dueño adorado,
mi constante amigo,
mi divino hermano!

Ven a nuestras almas!
Ven no tardes tanto!

Ven ante mis ojos
de Ti enamorados!
Bese ya tus plantas,
Bese ya tus manos!
Prosternado en tierra
Te tiendo los brazos
y aun más que mis frases
te dice mi llanto.

Ven a nuestras almas!
Ven no tardes tanto!

Come, because Mary now
anticipates that her Child
will soon be seen in her arms!
Come, because now Joseph,
with sacred longing,
prepares himself to become
a tabernacle for the love of Christ!

**Come to our souls!
Please come to us soon!**

Aid of the weak,
Support for the suffering,
Consolation for the sorrowful,
Light for the outcast!
Life of my life,
my Adored Master,
my Constant Friend,
my Divine Sibling!

**Come to our souls!
Please come to us soon!**

Come before my eyes,
that are filled with love for You!
I kiss now the soles of your feet;
I kiss now your hands!
Prostrated before you on the ground
I extend my arms out to you,
and even more than my words
my cries tell You

**Come to our souls!
Please come to us soon!**

Ven, Salvador nuestro,
por quien suspiramos.

Ven a nuestras almas!
Ven no tardes tanto!

Oracíon al Niño Jesus
(Para todos los días)

Acordaos, oh dulcísimo Niño Jesús! que dijisteis a la venerable Margarita del Santísimo Sacramento, y en persona suya a todos vuestros devotos, estas palabras tan consoladoras para nuestra humanidad agobiada y doliente: "Todo lo que quieras pedir, pídelo por los méritos de mi infancia y nada te será negado".

Llenos de confianza en Vos, ¡oh Jesús!, que sois la misma verdad venimos a expresaros toda nuestra miseria. Ayudanos a llevar una vida santa, para conseguir una eternidad bienaventurada. Concedenos, por los méritos infinitos de vuestra encarnación y de vuestra infancia, la gracia de la cual necesitamos tanto. Nos entregamos a Vos, ¡oh Niño omnipotente!, seguros de que no quedará frustrada nuestra esperanza, y de que en virtud de vuestra divina providencia, acogeréis y despacharéis favorablemente nuestra súplica.
Amén.

Consideración para el Día Primero

En el principio de los tiempos el Verbo reposaba en el seno de su Padre, en lo más alto de los cielos; allí era la causa y a la vez el modelo de toda

Come, our Savior,
whom we long for

Come to our souls!
Please come to us soon!

Prayer to Baby Jesus
(To be prayed each day)

Remember, oh sweet Baby Jesus, that You said to the venerable Margaret of the Most Holy Sacrament, and through her to all your faithful, these words that are so consoling to our oppressed and suffering humanity: "Anything that you would like to ask for, ask for it in the name of the virtues of my childhood and you shall not be refused."

Filled with confidence in You, oh Jesus, who are Truth itself, help us to lead a holy life, to experience a joyful union with You in heaven. Grant us, in the name of the infinite merits of your incarnation and childhood, the grace which we need so dearly. We give ourselves to You, oh omnipotent Child, confident that our hope will not be frustrated and that by virtue of your divine providence our supplication will be favorably received and expedited.

Amen.

Consideration for the First Day

In the beginning of time, the Word was with God, in the highest of the heavens. There in heaven resided both the cause and the model of all creation.

creación. En esas profundidades de una incalculable eternidad permanecía el Hijo de Dios antes de que se dignase bajar a la tierra y tomar visiblemente posesión de la gruta de Belén.

Allí es donde debemos buscar sus principios, que jamás han comenzado; de allí debemos datar la genealogía del Eterno, que no tiene antepasados, y contemplar la vida de complacencia infinita que allí reinaba.

La vida del Verbo Eterno en el seno de su Padre era una vida maravillosa y sin embargo, ¡misterio sublime!, busca otra morada, una mansión creada. No era porque en su mansión eterna faltase algo a su infinita felicidad, sino porque su misericordia infinita anhelaba la redención y la salvación del género humano, que sin él no podía verificarse. El pecado de Adán había ofendido a Dios, y esa ofensa infinita no podía ser perdonada sino por los méritos del mismo Dios. La raza de Adán había desobedecido y merecido un castigo eterno; era, pues, necesario para salvar y satisfacer su culpa que Dios, sin dejar el cielo, tomase la forma del hombre sobre la tierra y con la obediencia a los designios de su Padre, expiase aquella desobediencia, ingratitud y rebeldía. Por eso el Verbo eterno, ardeiendo en deseos de salvar al hombre, resolvió hacerse hombre también y así redimir al culpable.

Consideración para el Día Segundo

El Verbo eterno se halla a punto de tomar su

In that profound state of incalculable eternity, the Son of God existed before becoming visible on earth in the grotto of Bethlehem.

It is there, in the manger, we should look to find the beginning of God's existence, that has always existed. It is from that point in space and time that we should acknowledge the genealogy of the Eternal, that has no past, and contemplate the life of infinite contentment that reigned there.

The life of the Eternal Word existing with God was a marvelous life. However, the sublime mystery looks for another dwelling. The choice to do so was not prompted because Heaven was missing anything to provide the Eternal Word with infinite happiness. Instead, out of infinite compassion the Eternal Word longed for the redemption and salvation of humanity, which without the Eternal Word could not be redeemed. The sin of Adam had offended God, and that infinite offense could not be forgiven without the virtues of God. The people of Adam had disobeyed and deserved eternal punishment. Therefore, it was necessary for salvation and for forgiveness of sin that God, without leaving heaven, take human form on earth and with obedience to God's intentions, expiate that disobedience, ingratitude, and rebellion. For that reason, the Eternal Word, burning with desire to save humanity, decided to become human and in that way redeem the guilty.

Consideration for the Second Day

The Eternal Word is about to enter God's

naturaleza creada en la santa Casa de Nazaret en donde moraban María y José. Cuando la sombra del secreto divino vino a deslizarse sobre ella, María estaba sola engolfada en la oración. Pasaba las silenciosas horas de la noche en la unión más estrecha con Dios y mientras oraba, el Verbo tomó posesión de su morada creada. Sinembargo, no llegó inopinadamente; antes de presentarse envió un mensajero, que fue el Arcángel San Gabriel, para pedir a María de parte de Dios consentimiento para la encarnación. El Creador no quiso efectuar este gran misterio sin la aquiescencia de su criatura.

Aquel momento fue muy solemne. Era potestativo en María el rehusar...Con qué adorables delicias, con qué inefables complacencias aguardaría la Santísima Trinidad a que María abriese los labios y pronunciase el fiat que debió ser suave melodía para sus oídos, y con el cual se conformaba su profunda humildad a la omnipotente voluntad divina!

La Virgen Inmaculada ha dado su asentimiento. El Arcángel ha desaparecido, Dios se ha revestido de una naturaleza creada; la voluntad eterna está cumplida y la creación completa. El Verbo se ha hecho carne, y aunque todavía invisible para el mundo, habita ya entre los hombres que su inmenso amor ha venido a rescatar.

Consideración para el Día Tercero

Así había comenzado su vida encarnada el Niño Jesús. Consideremos el alma gloriosa y el santo cuerpo que había tomado, adorándolos profundamente.

creation in the holy House of Nazareth, where Mary and Joseph dwelled. When the divine secret came to be in her presence, Mary was alone and engulfed in prayer. She spent the silent hours of the night in the closest union with God. While she prayed, the Eternal Word took hold of its' created dwelling within her. However, the Eternal Word did not arrive without advance notice. Before presenting itself, a messenger was sent on behalf of God, the Holy Archangel Gabriel, to ask Mary for her consent to the incarnation. The Creator did not want to bring forth this great mystery without the acquiescence of Mary, one of God's creations.

That moment was very solemn. It was within Mary's jurisdiction to refuse...with what adored delight, with what ineffable satisfaction did the Holy Trinity await for Mary to open her lips and pronounce her fiat that must have been soft melody to its' ears, and with which her profound humility complied with the omnipotent divine will!

The Immaculate Virgin has given her assent. The Archangel has disappeared, and God has put on the garment of creation. The eternal will has been granted, and creation is complete. The Word has become flesh, and though not yet visible to the world, inhabits and enters humanity, whom it has come to save with immense love.

Consideration for the Third Day

That is how Baby Jesus began his life incarnate. Let us consider the glorious soul and holy body of Jesus, in profound adoration.

Admirando en primer lugar el alma de ese divino Niño, consideremos en ella la plenitud de su ciencia beatifica, por la cual desde el primer momento de su vida vio la divina esencia más claramente que todos los ángeles y leyó lo pasado y lo porvenir con todos sus arcanos y conocimientos.

Del alma del Niño Jesus pasamos ahora a su cuerpo, que era un mundo de maravillas, una obra maestra de la mano de Dios. Quiso que fuese pequeño y débil y como el de todos los niños, y sujeto a todas las incomodidades de la infancia, para asemejarse más a nosotros y participar de nuestras humillaciones.

La belleza de este cuerpo del Divino Niño fue superior a cuanto se ha imaginado jamás, y la divina sangre que por sus venas empezó a circular desde el momento de su Encarnación, es la que lavó todas las manchas del mundo culpable. Pidámosle que lave las nuestras en el sacramento de la penitencia para que el día de su dichosa venida nos encuentre purificados, perdonados y dispuestos a recibirle con amor y provecho espiritual.

Consideración para el Día Cuarto

Desde el seno de su Madre comenzó el Niño Jesús a poner en práctica su eterna sumisión a Dios, que continuó sin la menor interrupción durante toda su vida. Adoraba a su Eterno Padre, le amaba, se sometía a su voluntad; aceptaba con resignación toda su debilidad, toda su humillación, todas sus incomodidades. Quién de nosotros quisiera retroceder a un estado semejante con el pleno goce de la razón y de la reflexión? Por ahí entró el Divino

First admiring the soul of the Divine Child, let us consider the abundance of beatific knowledge. Through this wisdom, from the first moment of life, Jesus could see the divine essence more clearly than the angels. Jesus also read the past and future, with its' most carefully kept secrets and accomplishments.

From the soul of Baby Jesus let us now consider his body: a world of marvels, a masterpiece of the hand of God. God wanted Baby Jesus to be small and weak like all babies, subject to all the discomforts of infancy, to resemble us more closely and participate in our difficulties.

The beauty of the body of the Divine Child was superior to anything one can even imagine. The divine blood that ran in his veins, which began to circulate from the moment of the Incarnation, is the blood that washed all stains from our guilty world. Let us ask Jesus to cleanse us in the sacrament of penance, so that the day of Jesus' joyful arrival will find us purified, forgiven, and ready to receive Christ with love and spiritual improvement.

Consideration for the Fourth Day

From within the womb of his Mother, Baby Jesus began to put into practice his eternal submission to God, which continued without even the most minor interruption throughout his life. Jesus adored the Eternal God; he loved and submitted to God's will. Jesus accepted with resignation all the weakness, humiliation, and discomfort that he experienced. Which of us would not wish to go back to such a state with the full

Niño en su dolorosa y humillante carrera; así empezó a anonadarse delante de su Padre; a enseñarnos lo que Dios merece por parte de su criatura; a expiar nuestro orgullo, origen de todos nuestros pecados.

Deseamos hacer una verdadera oración? Empecemos por formarnos de ella una exacta idea, contemplando al Niño en el seno de su Madre. El Divino Niño ora y ora del modo más excelente. No habla, no medita, ni se deshace en tiernos afectos. Su mismo estado, lo acepta con la intención de honrar a Dios, en su oración y en ese estado expresa altamente todo lo que Dios merece, y de qué modo quiere ser adorado por nosotros.

Unámonos a las adoraciones del Niño Dios en el seno de María; unámonos a su profundo abatimiento, y sea este el primer efecto de nuestro sacrificio a Dios. Desaparezcamos a nuestros propios ojos, y que Dios sea todo para nosotros.

Consideración para el Día Quinto

Ya hemos visto la vida que llevaba el Niño Jesús en el seno de su purísima Madre; veamos hoy la vida que llevaba también María durante el mismo espacio de tiempo.

María no cesaba de suspirar por el momento en que gozaría de esa visión beatifica terrestre, la faz de Dios encarnado. Estaba a punto de ver aquella faz

enjoyment of reason and reflection? It was there in the womb that the Divine Child began his painful and humble career. From the first moments of his life, Jesus began to greatly humble himself before God in order to teach us what God deserves from us. By his example, Jesus wishes to free us from our pride, the source of all our sins.

Do we wish to pray in earnest? Let us begin by forming an exact idea, contemplating the Child in the Mother's womb. The Divine Child prays and prays in the most excellent way. The Child prays without speaking, without meditating, without undoing himself with tender affections. The very state of being, Jesus accepts with the intention of honoring God. Through prayer and in that state of being, Jesus expresses in the highest way all that God deserves, and the way that God desires to be adored by us.

Let us become one with the adorations of Baby Jesus in the womb of Mary. Let us become one with the profound abatement of Jesus, so that the following effect will be the first of our sacrifice to God: let what is before our own eyes disappear, so that God is everything for us.

Consideration for the Fifth Day

We have seen the life that Baby Jesus led within the womb of his most pure Mother. Today, let us see the life that Mary led during the same duration of time.

Mary did not cease to long for the moment in which she would enjoy that terrestrial beatific vision: the face of God incarnate. She was about to see the

humana que debía iluminar el cielo durante toda la eternidad. Iba a leer el amor filial en aquellos mismos ojos cuyos rayos deberían esparcir para siempre la felicidad en millones de elegidos. Iba a verle en la ignorancia aparente de la infancia, en los encantos particulares de la juventud y en la serenidad reflexiva de la edad madura.

Tal era la vida de espectativa de María! Era inaudita en sí misma, más no por eso dejaba de ser el tipo magnífico de toda vida cristiana. No nos contentemos con admirar a Jesús residiendo en María, sino pensemos que en nosotros también reside por esencia, potencia y presencia.

Consideración para el Día Sexto

Jesús había sido concebido en Nazaret, domicilio de José y María, a allí era de creerse que había de nacer, según todas las probabilidades. Mas Dios lo tenía dispuesto de otra manera, y los profetas habían anunciado que el Mesías nacería en Belén de Judá, ciudad de David. Para que se cumpliese esta predicción, Dios se sirvió de un medio que no parecía tener ninguna relación con este objeto, a saber: la orden dada por el emperador Augusto de que todos los súbditos del imperio romano se empadronasen en el lugar de donde eran originarios. María y José como descendientes que eran de David, estaban obligados a ir a Belén.

No ignoraba Jesús en qué lugar debía nacer, y así inspiraba a sus padres que se entreguen a la Providencia, y que de esta manera concurran a la ejecución de sus designios.

human face that would illuminate the heavens for all eternity. She was going to read filial love from the same eyes whose rays would spread happiness for all time to millions of blessed people. She was going to see her child during the seemingly apparent ignorance of infancy, the particular enchantments of youth, and the serene reflecting nature of maturity.

Such was Mary's life filled with expectation! Her life was most extraordinary in and of itself, and on top of that she never stopped being the most magnificent model of all Christian life. Let us not be content with admiring Jesus residing in Mary, but let us know that God also resides within each of us in essence, ability, and presence.

Consideration for the Sixth Day

Jesus had been conceived in Nazareth, home of Joseph and Mary, and it was there that one would think he would be born, according to all probability. However, God had arranged it differently: the prophets had announced that the Messiah would be born in Bethlehem of Judea, city of David. So that the prediction would be made reality, God used a medium that did not appear to have any relationship with that goal, within reason: the order given by Emperor Augustus that all subjects of the Roman Empire should register themselves in their place of origin for a census. Mary and Joseph, descendants of David, were obligated to go to Bethlehem.

Jesus did not ignore the place where the birth should occur. So, Jesus inspired his parents to surrender themselves to Divine Providence and thereby contribute to the execution of their destinies.

Almas interiores, observad este manejo del Divino Niño, porque es el más importante de la vida esprititual: aprended que el que se haya entregado a Dios ya no ha de pertenecer a sí mismo, ni ha de querer si no lo que Dios quiera para él.

Consideración para el Día Septimo

Representémonos el viaje de María y José hacia Belén, llevando consigo aun no nacido, al creador del universo, hecho hombre. Contemplemos la humildad y la obediencia de ese Divino Niño, que aunque de raza judía y habiendo amado durante siglos a su pueblo con una predilección inexplicable obedece así a un príncipe extranjero que forma el censo de población de su provincia, como si hubiese para él en esa circunstancia algo que le halagase, y quisiera apresurarse a aprovechar la ocasión de hacerse empadronar oficial y auténticamente como súbdito en el momento en que venía al mundo.

El anhelo de José, la expectativa de María son cosas que no puede expresar el lenguaje humano. El Padre Eterno se halla, si nos es lícito emplear esta expresión, adorablemente impaciente por dar a su hijo único al mundo y verle ocupar su puesto entre las criaturas visibles. El Espíritu Santo arde en deseos de presentar a la luz del día esa santa humanidad, que El mismo ha formando con divino esmero.

Dear souls within each of us, observe this act of the Divine Child, because it is the most important one of a spiritual life: understand that once a person surrenders his or her life to God, it should no longer belong to that person. Indeed, one's most important goal is to want and put into action only what God wants for one's life.

Consideration for the Seventh Day

Let us imagine the journey of Mary and Joseph going toward Bethlehem, taking with them although not yet born, the creator of the universe, made flesh. Let us contemplate the humility and obedience of that Divine Child, who although of Jewish ancestry and having loved for centuries that community with an undeniable predilection, nevertheless obeying a foreign prince that was conducting a census of the population. Jesus acted with humility and obedience, as if the request somehow flattered him. As if he truly wanted to hasten to take advantage of the occasion to be registered officially and authentically as a subject the moment that he was coming into the world.

The longing of Joseph, the expectations of Mary are things that human language cannot express. The Eternal God manifests, if it is legitimate for us to employ such an expression, reverent impatience to give God's only son to the world and see Jesus take his place within visible creation. The Holy Spirit burns with desire to present to the light of day that holy humanity, which the Spirit has formed with divine effort.

Consideración para el Día Octavo

Llegan a Belén José y María buscando hospedaje en los mesones, pero no lo encuentran, ya por hallarse todos ocupados, ya porque se les deshace a causa de su pobresa. Empero, nada puede turbar la paz interior de los que están fijos en Dios. Si José experimentaba tristeza cuando era rechazado de casa en casa, porque pensaba en María y en el Niño, sonreíase también con santa tranquilidad cuando fijaba la mirada en su casta esposa. El ruido de cada puerta que se cerraba ante ellos era una dulce melodía para sus oídos. Eso era lo que había venido a buscar. El deseo de esas humillaciones era lo que había contribuído a hacerle tomar la forma humana.

Oh! Divino Niño de Belén! Estos días que tántos han pasado en fiestas y diversiones o descansando muellemente en cómodas y ricas mansiones, han sido para vuestros padres días de fatiga y vejaciones de toda clase. Ay! el espíritu de Belén es el de un mundo que ha olvidado a Dios. Cuantas veces no ha sido también el nuestro!

Pónese el sol el 24 de diciembre detrás de los tejados de Belén y sus últimos rayos doran la cima de las rocas escarpadas que lo rodean. Hombres groseros, codean rudamente al Señor en las calles de aquella aldea oriental, y cierran sus puertas al ver a su Madre. La bóveda de los cielos aparece purpurina por encima de aquellas colinas frecuentadas por los pastores. Las estrellas van apareciendo unas tras otras. Algunas horas más y aparecerá el Verbo

Consideration for the Eighth Day

Joseph and Mary arrive in Bethlehem looking for a kind reception among the inns. However, they do not find it, because the inns are all already occupied. In addition, they are mistreated as a result of their poverty. Yet, nothing can disturb the internal peace of those who are firmly with God. If Joseph experimented with feeling sadness when he was rejected from house to house, because he was thinking of Mary and the Baby, he also smiled with holy tranquility when he fixed his gaze upon his kindred wife. The noise of each door closing before them was sweet melody to their ears. That is what God incarnate came looking for. The wish to endure those humiliations is what contributed to God's decision to take human form.

Oh Divine Child of Bethlehem! These days that so many have spent attending parties and other diversions or luxuriously relaxing in comfortable and rich mansions have been for your parents days of fatigue and all types of oppression. Alas! The inclination of Bethlehem is one of a world that has forgotten God. How many times has that negative inclination also been our own?

The sun is setting on the 24th of December behind the rooftops of Bethlehem. The last rays make the summit of the rugged rocks that surround the city look golden. Rude people roughly elbow Jesus in the streets of that eastern village and close their doors at seeing his Mother. Over the hills that are frequented by the shepherds, the arch of the heavens appears purple. The stars begin appearing one after another. In a few more hours, the Eternal Word will

Eterno.

Consideración para el Día Noveno

La noche ha cerrado del todo en las campiñas de Belén. Desechados por los hombres y viéndose sin abrigo, María y José han salido de la inhospitalaria población y se han refugiado en una gruta que se encontraba al pie de la colina. Seguía la Reina de los Angeles el jumento que le había servido de humilde cabalgadura durante el viaje, y en aquella cueva hallaron un manso buey. El Divino Niño desconocido por sus creaturas racionales va a tener que acudir a las irracionales para que calienten con su tibio aliento la atmósfera helada de esa noche de invierno y le manifiesten con esto y con su humilde actitud el respeto y adoración que le había negado Belén.

Pero ha llegado la media noche, y de repente vemos dentro de ese pesebre, poco antes vacía, al Divino Niño esperado, deseado, vaticinado durante cuatro mil años con tan inefables anhelos! A sus pies se postra su Santísima Madre en los transportes de una adoración de la cual nada puede dar idea. José también se le acerca y le rinde homenaje con que augura su misterioso e imponderable oficio de padre putativo del Redentor de los hombres. La multitud de ángeles que desciende del cielo a contemplar esa maravilla sin par, hace vibrar en los aires las armonías de esa Gloria in Excelsis que es el eco de la adoración que se produce en torno del trono del Altísimo, hecha perceptible por un instante a los oídos de la pobre tierra. Convocados por ellos, vienen en tropel los pastores de la comarca a adorar

appear.

Consideration for the Ninth Day

The night has come to a close on the fields of Bethlehem. Rejected by the people and seeing themselves without shelter, Mary and Joseph have left the inhospitable population and have sought refuge in a grotto at the foot of a hill. The Queen of the Angels is following behind a humble beast of burden, which had served her during the journey. In the cave, they found a tame ox. Unacknowledged by rational creatures, the Divine Child had to turn to the irrational to bring warmth to the frozen atmosphere of that winter night with their lukewarm breath. With this gesture and their humble attitude, they manifest the respect and adoration that Bethlehem had denied.

But midnight has arrived! Suddenly, within the crib, that just a little while ago was empty, we see the Divine Child. The Child that has been waited for, wished for, and foretold by the prophets for four thousand years with such ineffable longing! The Most Holy Mother prostrates herself at the feet of the Child having been transported by adoration, the level of which nothing can begin to describe. Joseph also draws near and renders homage. In this way, Joseph inaugurates his mysterious and inexpressible service as earthly father of the Redeemer of Humanity. The multitude of angels, which descend from the sky to contemplate that wonder without equal, make the air vibrate with harmonies of Gloria in Excelsis. The song of the angles, made perceptible for an instant to the ears of the earthly world, is the

al recién nacido y presentarle sus humildes ofrenedas.

Ya brilla en el oriente la misteriosa estrella de Jacob y ya se pone marcha hacia Belén la caravana espléndida de los Reyes Magos, que dentro de pocos días vendrán a depositar a los pies del Divino Niño, el oro, el incienso y la mirra, que son símbolos de la caridad, de la adoración, y de la mortificación.

Oh adorable Niño! Nosotros también, los que hemos hecho esta novena para prepararnos al día de Vuestra navidad, queremos ofrecer nuestra pobre adoración: no la desechéis! Venid a nuestras almas, venid a nuestros corazones llenos de amor. Encended en ellos la devoción a vuestra santa infancia, devoción que realmente practicada y celosamente propagada, nos conduzca a la vida eterna, librándonos del pecado y sembrando en nosotros todas las virtudes cristianas.

echo of the adoration that is produced in turn at the throne of the Most High. The shepherds of the territory are called by the angels. The shepherds appear in a tumultuous throng to adore the newborn and present their humble offerings.

The mysterious star of Jacob is already shining brightly in the east, and the splendid caravan of the Magi begins to march toward Bethlehem. Within a few days, the Magi will visit the Divine Child to deposit the gold, incense, and myrrh. These gifts are symbols of charity, adoration, and mortification.

Oh adorable Child! We too, that have prayed this novena to prepare us for the day of Your nativity, want to offer our humble adoration: please accept it! Come into our souls, come into our hearts filled with love. Light within us a devotion to your holy infancy. A devotion, that when truly practiced and propagated, will conduct us toward eternal life, free us from sin, and nurture all Christian virtues.

Nanita Nana

A la nanita, nana nanita, nana nanita ea
Mi Jesús tiene sueño bendito sea, bendito sea

Fuentecilla que corres clara y sonora
Ruiseñor que en la selva cantando lloras
Callad mientras la cuna se balancea
A la nanita nana, nanita ea

A la nanita, nana nanita, nana nanita ea
Mi Jesús tiene sueño bendito sea, bendito sea

Manojito de rosas y de alelies
¿qué es lo que estas soñando, que te sonríes?
¿cuáles son tus ensueños? Dilo alma mía, más,
¿qué es lo que murmuras?...Eucaristía.

A la nanita, nana nanita, nana nanita ea
Mi Jesús tiene sueño bendito sea, bendito sea

Pajaritos y fuentes, auras y brisas
Respetad ese sueño y esas sonrisas
Callad mientras la cuna se balancea
Que el niño esta soñando, bendito sea

A la nanita, nana nanita, nana nanita ea
Mi Jesús tiene sueño bendito sea, bendito sea

Nanita Nana

A la nanita, nana nanita, nana nanita ea
My Jesus is quite sleepy, that is so very blessed, that is so
very blessed

Little fountain heard running so loud and crystal clear
Mockingbird singing cries the jungle is apt to hear
Quiet while Mother Mary sways the childs' little bed
A la nanita nana, nanita ea

A la nanita, nana nanita, nana nanita ea
My Jesus is quite sleepy, that is so very blessed, that is so
very blessed

Sweet violets and roses bunched in a small bouquet
What is it that you're dreaming?Please smile over my way.
What is it that you ponder? Do tell more than the jist, and,
what is it you murmur?...the holy Eucharist.

A la nanita, nana nanita, nana nanita ea
My Jesus is quite sleepy, that is so very blessed, that is so
very blessed

Little tiny birds & fountains, swift wind with pace to keep
Respect those smiles and gurgles and the dear baby's sleep
Quiet while Mother Mary sways the childs' little bed
Because the baby's dreaming, that is so very blessed

A la nanita, nana nanita, nana nanita ea
My Jesus is quite sleepy, that is so very blessed, that is so
very blessed

Antón Tiruriru

Antón tiruriru riru, Antón tiruiru ra (bis)
Jesús al pesebre vamos a adorar (bis)

Duérmete niño chiquito
Que la noche viene ya
Cierra pronto tus ojitos
Que el viento te arrullara

Antón tiruriru riru, Antón tiruiru ra (bis)
Jesús al pesebre vamos a adorar (bis)

Duérmete niño chiquito
Que tu madre velara
Cierra pronto tus ojitos
Por que la entristecerás

Antón tiruriru riru, Antón tiruiru ra (bis)
Jesús al pesebre vamos a adorar (bis)

Antón Tiruriru

Antón tiruriru riru, Antón tiruiru ra (twice)
Let us go to the manger to adore Jesus Christ

Go to sleep soon, in my arms dear child
Night is beginning anew
Close your eyes that are sparkling and mild
so the wind's song will lull you

Antón tiruriru riru, Antón tiruiru ra (twice)
Let us go to the manger to adore Jesus Christ

Go to sleep soon, in my arms dear child
Mother will watch over you
Close your eyes that are sparkling and mild
Or she'll become sad, it's true

Antón tiruriru riru, Antón tiruiru ra (twice)
Let us go to the manger to adore Jesus Christ

Tutaina

Tutaina tuturumá
Tutaina tuturumaina
Tutaina tuturumá turumá
Tutaina tuturumaina

Los pastores de Belén
vienen a adorar al niño
La Virgen y San José
los reciben con cariño

Tutaina tuturumá
Tutaina tuturumaina
Tutaina tuturumá turumá
Tutaina tuturumaina

Tres reyes vienen también
con incienso, mirra, y oro
A ofrender a Dios su bien
como el más grande tesoro

Tutaina tuturumá
Tutaina tuturumaina
Tutaina tuturumá turumá
Tutaina tuturumaina

Vamos todos a cantar
con amor y alegría
Porque acaba de llegar
de los cielos el Mesías

Tutaina tuturumá
Tutaina tuturumaina
Tutaina tuturumá turumá
Tutaina tuturumaina

Tutaina

Tutaina tuturumá
Tutaina tuturumaina
Tutaina tuturumá turumá
Tutaina tuturumaina

The shepherds of Bethlehem
Bring the small child adoration
Mary and Joseph greet them
With open arms and affection

Tutaina tuturumá
Tutaina tuturumaina
Tutaina tuturumá turumá
Tutaina tuturumaina

The three kings will come also
bringing incense, gold, and sweet myrrh
those small gifts they will bestow
upon God, the greatest treasure

Tutaina tuturumá
Tutaina tuturumaina
Tutaina tuturumá turumá
Tutaina tuturumaina

Moved with happiness and love
let us go and sing there dear friends
To see the arrival of
the Messiah from the heavens

Tutaina tuturumá
Tutaina tuturumaina
Tutaina tuturumá turumá
Tutaina tuturumaina

Vamos Pastores

Vamos pastores, vamos
Vamos a Belén,
A ver en aquel niño, la gloria del Edén (bis)
La gloria del Edén

Ese precioso niño
yo me muero por él
Sus ojitos me encantan
su boquita también
El padre lo acaricia
La madre mira en él
Y los dos extasiados
contemplan aquel ser (bis)

Vamos pastores, vamos
Vamos a Belén,
A ver en aquel niño, la gloria del Edén (bis)
La gloria del Edén

Yo pobre pastorcillo,
al niño le diré,
no la buenaventura:
eso no puede ser
Le diré me perdone
lo mucho que pequé
Y en la mansión eterna
un ladito me de (bis)

Vamos pastores, vamos
Vamos a Belén,
A ver en aquel niño, la gloria del Edén (bis)
La gloria del Edén

Let Us Go, Shepherds

Let us go shepherds, let's go
Go to Bethlehem
to see within that sweet child, Eden's glory Amen (twice)
Eden's glory Amen

That little precious baby
I'd gladly die for him
Those eyes and mouth enchant me,
Fill my heart to the brim
Father and mother caress
their child who is sleeping
And the two overjoyed,
Contemplate that being (twice)

Let us go shepherds, let's go
Go to Bethlehem,
to see within that sweet child, Eden's glory Amen (twice)
Eden's glory Amen

I, merely a poor shepherd,
to the child I will give
not earthly fame and fortune:
that life I did not live
I will just ask forgiveness
for the times I have sinned
And ask God for a small space
up in Heaven's mansion (twice)

Let us go shepherds, let's go
Go to Bethlehem
to see within that sweet child, Eden's glory Amen (twice)
Eden's glory Amen

El Burrito Sabanero

Con mi burrito sabanero, voy camino de Belén (bis)
Si me ven, si me ven, voy camino de Belén (bis)

El lucerito mañanero ilumina mi sendero (bis)
Si me ven, si me ven, voy camino de Belén (bis)

Con mi cuatrito voy cantando, mi burrito va trotando (bis)
Si me ven, si me ven, voy camino de Belén (bis)

Tuqui, tuqui, tuqui, tuqui,
Tuqui, tuqui, tuqui, tuquita
Apurate mi burrito, que ya vamos a llegar
Tuqui, tuqui, tuqui, tuqui,
Tuqui, tuqui, tuqui, tuquitu
Apúrate mi burrito, vamos a ver a Jesús

Con mi burrito sabanero, voy camino de Belén (bis)
Si me ven, si me ven, voy camino de Belén (bis)

The Donkey from the Plains

With my donkey from the plains, I'm on the road to
Bethlehem (repeat)
If I'm seen, If I'm seen, I'm on the road to Bethlehem
(repeat)

The bright light from the morning star appears and
illuminates my path (repeat)
If I'm seen, If I'm seen, I'm on the road to Bethlehem
(repeat)

Strumming my cuatro* I am singing, donkey's trotting by
my side (repeat)
If I'm seen, If I'm seen, I'm on the road to Bethlehem
(repeat)

Tuqui, tuqui, tuqui, tuqui,
Tuqui, tuqui, tuqui, tuquita
Hurry up little donkey, so that we will soon arrive
Tuqui, tuqui, tuqui, tuqui,
Tuqui, tuqui, tuqui, tuquitu
Hurry up my little donkey, we will soon see Christ Jesus

With my donkey from the plains, I'm on the road to
Bethlehem (repeat)
If I'm seen, If I'm seen, I'm on the road to Bethlehem
(repeat)

*A cuatro is a guitar-like stringed musical instrument
played in Colombia.

Zagalillos

Zagalillos del norte venid
Pastorcillos del monte llegad
La esperanza de un Dios prometido
Ya vendrá, ya vendrá, ya vendrá

Zagalillos del norte venid
Pastorcillos del monte llegad
La esperanza de un Dios prometido
Ya vendrá, ya vendrá, ya vendrá

La esperanza, la gloria, y la dicha
la tendremos en él quien lo duda
Desdichado de aquél que no acuda
con la fé que le debe animar

Zagalillos del norte venid
Pastorcillos del monte llegad
La esperanza de un Dios prometido
Ya vendrá, ya vendrá, ya vendrá

Hoy venimos niñito del alma
A entonarte estos cantos de amor
Esperando que en cambio nos digas:
Hermanitos la paz mía os doy

Zagalillos del norte venid
Pastorcillos del monte llegad
La esperanza de un Dios prometido
Ya vendrá, ya vendrá, ya vendrá

Little Shepherds

Little shepherds from the north come thus
Little shepherds from the north please do
The promise of God to dwell among us
Has come true, has come true, has come true

Little shepherds from the north come thus
Little shepherds from the north please do
The promise of God to dwell among us
Has come true, has come true, has come true

The hope, glory, and joy known in Heaven
we shall have in Jesus, none can doubt it
Unhappy are those who do not attend
with the faith that should invigorate

Little shepherds from the north come thus
Little shepherds from the north please do
The promise of God to dwell among us
Has come true, has come true, has come true

Child so dear to our souls, we feel we must
Come to harmonize these love songs for you
Hoping that in exchange you will tell us:
One and all, now, my peace I give you

Little shepherds from the north come thus
Little shepherds from the north please do
The promise of God to dwell among us
Has come true, has come true, has come true

Noche de Paz

Noche de paz,
Noche de amor
Llena el cielo un splendor
En la Altura resuena un cantar
Os anuncia una dicha sin par
En la tierra a nacido Diós
Hoy en Belén de Juda

Con pecho fiel
reconoced
al Mesías vuestro rey
Hallareisle por esta senal:
un niño en un pobre portal
Cual entre las pajas nuestra fe
esconde su majestad

Silent Night
(traditional English version,
not translated from traditional Spanish version)

Silent night,
Holy night
All is calm, all is bright
Round yon Virgin Mother and Child
Holy infant so tender and mild
Sleep in heavenly peace
Sleep in heavenly peace

Silent night,
Holy night,
Shepherds quake at the sight
Glories stream from heaven afar
Heavenly hosts sing Alleluia!
Christ, the Savior is born
Christ, the Savior is born

Silent night,
Holy night
Son of God loves pure light
Radiant beams from Thy holy face
With the dawn of redeeming grace
Jesus, Lord, at Thy birth
Jesus, Lord, at Thy birth

Made in the USA
Las Vegas, NV
01 November 2024

10950052R10035